DISCOVRS

PRONONCE'S

A L'OVVERTVRE DES Eſtats Generaux de la Prouince de Languedoc;

CONVOQVE'S PAR MANDEment de Sa Majeſté en la ville de Pezenas le 6. Decembre 1663.

A PEZENAS,

Par IEAN MARTEL, Imprimeur Ordinaire du Roy, de S. A. S. Monſeigneur le Prince de Conty, du Clergé & de la Ville. 1663.

MONSEIGNEVR LE PRINCE DE CONTY A dit,

ESSIEVRS,

L'asseurance de l'affection du Roy pour la Prouince, que ie viens vous porter, n'est pas vne nouuelle ; mais i'ose esperer qu'elle n'en sera pas moins agreable à cette Compagnie : & que si elle n'y produit pas cette sensible joye que donne la surprise à la premiere acquiſition d'vn bien ineſperé,elle y repandra ſans doute cette ſolide paix, qui vient de la durable & tranquille poſſeſſion d'vne choſe ſi chere. C'eſt par ce ſouuenir que doiuent commencer & finir toutes vos Aſſemblées; C'eſt luy qui doit animer toutes vos Deliberations : Et comme la perféction de ce bien dépend de ſa durée, jugez, MESSIEVRS, auec quel épreſſemẽt & quel ſoin vous deuez la ménager. C'eſt vn feu ſacré qui ne doit iamais s'éteindre : & l'on peut dire que la principale fonction de ceux qui compoſent cette Aſſemblée, eſt d'eſtre preposés à ſa garde & à ſa conſeruation : vellez-y donc, MESSIEVRS, auec exactitude. Et puis que la protection de Sa Majeſté eſt vn treſor, dont toute la Prouince vous a rendus les veritables depoſitaires : agiſſez de maniere dans toute la ſuite de ces Eſtats, que vous la luy remettiez auſſi entiere & auſſi pure que vous l'auez receuë. Il eſt inutile que ie vous diſe, que ie joindray mes ſoins, mes veilles, & toute mon application aux vôtres, pour vous

vous ayder à conſeruer ce bien: puiſque ie puis penſer ſans trop de preſomption, que vous eſtes perſuadés, que ie ſuis tres-ſenſible à ce qui vous regarde. Il eſt pourtant de l'ordre, qu'eſſayant de vous prouuer par mes actions pendant toute l'année la ſincerité de mon affection, ie vous aſſeure au moins vne fois tous les ans par mes paroles, de la veritable paſſion que i'ay pour les intereſts de vôtre Compagnie en general, & de tous les particuliers qui la compoſent. Monſieur de Bezons vous fera entendre les volontés du Roy plus au long.

MONSIEVR DE BEZONS INTENDANT En la Prouince de Languedoc;

A DIT;

ESSIEVRS,

Pour juger ſainement de la grandeur de cette Prouince, & du bon-heur des Peuples qui la compoſent, il ne faut que conſiderer ce qui ſe paſſe aujourd'huy en cette Compagnie illuſtre; en laquelle le Roy fait entrer Monſeigneur le Prince de Conty, pour vous donner des aſſeurances de la bonté de Sa Majeſté, & de la reſolution de vous conſeruer les auantages & les graces qu'elle vous a toûjours ſi liberalement accordées; ſi bien qu'il ſemble que les Commiſſions, dont vous venez d'entendre la lecture, ſoient vne alliance que le Roy contracte auec ſes Sujets de Languedoc, & vne obligation qu'il s'impoſe volontairement de vous continuer ſes bien-faits, dont vous receuez tous les iours de nouuelles preuues.

Telle étoit la ſolennité de la plus grande Fête qui fut parmy les Hebreux; lors que le grand Sacrificateur de la Tribu de Leuy, faiſant ſouuenir les Peuples de cette heureuſe journée en laquelle Moyſe auoit receu la Loy, leur dõnoit à entendre que c'étoit vn contrat d'alliance que Dieu auoit fait auec eux, qui n'auoit aucune marque de la ſeruitude des autres Nations, dont il leur garderoit fidellement tous les articles, tant qu'ils luy ſeroient fidelles & ſoûmis à ſes volontés: & en reconnoiſſance, ce Peuple offroit vne partie de ſes trauaux,

& les premices de ſes fruits.

Il ſeroit ſuperflu, MESSIEVRS, de vous expliquer les ſentimens du Roy à vôtre égard, dont les effets vous doiuent mieux perſuader que les paroles : Et d'ailleurs, peut-on rien ajoûter à la dignité du Diſcours de S. A. S. qui ne laiſſe aux autres pour partage que le ſilence & l'admiration ; auſſi n'entreprendray-ie pas ce qui ſeroit au deſſus de mes forces : Mais pour ſatisfaire aux ordres que ie viens de receuoir, & à la Coûtume, ie tâcheray de vous faire connoître en peu de paroles les moyens dont le Roy s'eſt ſeruy pour rendre ſon Royaume ſi floriſſant, cette Prouince ſi heureuſe, & donner vne nouuelle forme à l'état de ſes affaires.

Il n'y a rien de ſi oppoſé que la Paix & la Guerre, puiſque l'vne eſt la ſource de toutes les felicités ; & l'autre la cauſe de la miſere des Peuples : Il ſe trouue neantmoins que par des voyes contraires & oppoſées, elles produiſent preſque vn même effet ; le déreglement des mœurs, & l'aneantissement des Loix: Ce que l'vne fait par vne violence effrenée, l'autre l'engendre par vne oysiueté & vn endormissement. Ainsi dans les Corps Politiques, aussi bien que dans les naturels, l'excez du trauail ruine les santés les plus fortes; & le trop grand repos rend languissantes les constitutions les mieux établies; & il se fait vn amas continuel & imperceptible; qui a besoin de temps en temps de remede. Les guerres de Pompée & de Cesar causerent la perte de l'Empire Romain; mais elles ne firent qu'acheuer ce que les delices & l'abondance auoient commencé depuis la conquête de l'Asie & la ruine de Carthage; & leur Historien remarque que le sac de Rome par les Gaulois, obligea de remettre la Discipline en vigueur, qui s'étoit dés lors comme aneantie, iusqu'à oublier les Sacrifices, ausquels ils étoient auparauant fortement attachés. La Religion quoy qu'incorruptible en elle-même, a receu dãs la trop grande paix de l'Eglise des relâchemens dans la Discipline, qui n'ont pû apres être gueris que par vne seuerité extraordinaire.

Il est donc necessaire apres vne longue guerre, de donner aux Loix la force qu'elles auoient perduës, & à l'Estat la splendeur d'où il étoit décheu : Mais il est necessaire au même temps de declarer la guerre au vice, que l'oysiueté auoit introduit : Et comme la Loy en elle-même n'est rien si elle n'est animée de cêt esprit que Dieu repand pour le gouuernement des Peuples ; il est difficile de trouuer ce mélange de vertu politique, qui reprime les vices sans cruauté, qui ait de la misericorde sans indulgence ; & cette iuste balance ne se peut maintenir que par des actes heroïques & des actions extraordinaires, qui à peine trouue vn nom pour être exprimé ; dans les Republiques ces changemens sont dangereux ; & souuent celuy qui les introduit passe de la reforme à l'vsurpation.

Il ne se trouue pas toûjours des Horaces & des Fabrices, qui apres auoir soûtenu l'Estat chancellant de leur patrie, se soient ſouuenu en même temps qu'ils n'êtoyent que de ſimples Citoyens, & qui ayent conſerué au milieu de ces grandes qualités, la moderation des hommes priués.

Bien que Platon eût trauaillé à faire le plan d'vne Republique parfaite, & eternelle, il a luy-même connu que c'étoit vne idée, dont l'execution étoit impoſſible : Auſſi étant conſulté par le Prince Laodamas, quelle étoit la Loy la plus excellente, & la plus parfaite forme du Gouuernement ; il aduoüe que c'eſt celle où les gens de bien commandent ; & par la ſuite de ſon diſcours, il eſt aiſé de iuger de ſon ſentiment, que le ſalut des Eſtats conſiſte dans la vertu, & dans le merite de celuy, qui étant la Loy luy-méme, conduit les Peuples par ſon autorité à vne felicité parfaite.

La France apres vne ſi longue agitation & ſi extraordinaire deſordre, deuoit craindre auec raiſon de tomber dans les inconueniens mal-heureux, où les licencimens des Troupes auoient mis le Royaume dans les ſiecles paſſés. Elle deuoit craindre que toutes les Loix ayant été viollées, le dereglement fût sans remede. Elle deuoit apprehender que ceux qui s'étoient enrichis par des voyes iniustes, ne décriassent la vertu à cause de sa pauureté. Et enfin, que la Religion, qui auoit été si cruellement persecutée depuis si long-temps, par des maux intestins, que nos desordres & l'ambition auoient formés, ne pût pas se deliurer de ce joug cruel, qui luy ostoit, pour ainsi dire, la liberté. Toutes ces iustes apprehensions ont esté dissipées en vn moment par la seule conduite de nôtre incomparable Monarque. Ces biens, qui sembloient estre plûtôt l'objet de nos desirs que de nôtre possession, se sont établis sans violence; & nous nous sommes trouués tout d'vn coup dans vn bon-heur extreme, sans sçauoir la voye par laquelle on nous y conduisoit. Reste-il, MESSIEVRS, aucune marque de la guerre dans vôtre Prouince; la vertu se trouue-elle opprimée? Ne joüissez-vous pas, par les soins & par l'autorité de S. A. S. d'vne felicité qui donne de l'enuie à toutes les Prouinces de l'Europe? N'apprenez-vous pas auec joye que le luxe & la profusion diminue, à mesure que l'on étouffe les monstres qui s'étoient gorgés de la misere publique? sans toucher aux graces que les Roys predecesseurs de Sa Majesté ont faites à ceux qui s'étoient éloignés de la veritable creance: Ne donne-on pas moyen à la Religion de respirer de la seruitude & de l'esclauage où elle étoit tombée? Vn seul remede a produit ces grandes choses : l'application du Roy à la conduite de son Estat; la connoissance qu'il prend luy-même de ses affaires; sa fermeté à l'égard des étrangers; son amour pour ses Peuples ; la haine qu'il a pour le vice ; la seuerité à contenir chacun dans son deuoir, & à l'obseruation des Loix. En vn mot, ce caractere de grandeur, & cette lumiere de gloire, que Dieu communique aux Princes, qu'il fait naître pour la felicité des Estats & l'auantage du monde Chrétien. Aussi n'y a-il que les enfans de Dieu, dit le grand Pimandre, qui puiſſent joindre vne intelligence extraordinaire auec vn ſens parfait,& vne imagination viue auec vn iugement ſolide. C'eſt pour cela que dans le Ciel les Aſtres qui dominent aux Princes, comme le Soleil & Iupiter ſont proches de Saturne & de Mercure, qui influent la ſageſſe: mais la conionction en eſt incomparablement plus heureuſe ſi elle ſe fait dans vn même ſuiet, qui eſt Pallas, figure admirable de la valeur & du conſeil; ou pour mieux dire,tableau acheué de la conduite de nôtre Prince, dont les Heros de l'antiquité n'ont été qu'vn foible crayon.

Nous diſons tous les iours auec raiſon, que les Roys ſont les images de la Diuinité, & qu'elle imprime ſur eux le caractere de ſa puiſſance: Mais ie ne vois point de preuues plus couuaincantes de cette verité, que par l'établiſſement de ces deux colomnes de l'autorité Royale; le mélange d'amour & de crainte, qui appelle les hommes à leur deuoir par la connoiſſance de la vertu, & qui les éloigne du mal par l'apprehenſion de la peine. Et pour ſe rendre capables de ces verités ſublimes & importantes, il faut éleuer nôtre eſprit iuſques aux raiſons d'Eſtat, connoître que la puiſſance des Roys n'a point de bornes que leur volonté; qu'ils ne peuuent vouloir rien d'iniuſte, parce que leurs reſolutions partent d'vn principe qui regarde le bien ſouuerain du Royaume, & qu'ils ſont au delà des notions particulieres. Mais comme ces connoiſſances éleuées ſont beaucoup au deſſus de nos eſprits, il faut que les Roys deſcendent de la Maieſté de leurs Trônes pour ſe communiquer aux Peuples; qu'ils entrent dans les ſentimens de leurs beſoins, qu'ils examinent leurs neceſſités, & connoiſſent la difference qui ſe trouue entre l'impuiſſance & la mauuaiſe volonté. C'eſt ainſi, diſent les Platoniciens, que l'ame s'abbaiſſant, applique ſes qualités diuines au gouuernement du corps: Et c'eſt ainſi que le Roy agit auec cette Prouince, écoutant vos doleances, remediant à vos maux, & traittant pluſtôt auec vous en pere qu'en Souuerain. Lors que Dieu voulut se faire cōnoître au Prophete Elie, il fit passer deuant luy vn vent impetueux, vn tremblement, vn feu, & apres vn son coy & tranquile ; & Dieu n'étoit, dit l'Ecriture, ny dans le vent impetueux, ny dans le tremblement, ny dans le feu : mais dans cet esprit de douceur ; parce qu'il se communiquoit à vn homme soûmis à ses volontés.

Le Roy se communique donc auiourd'huy à cette Prouince; il quitte, pour ainsi dire, sans les abandonner, les marques de sa puissance souueraine : il n'ordonne ny ne commande ; il requiert des suiets, qui par tout ailleurs n'ont que la gloire de l'obeïssance ; & il n'est iamais obligé de se seruir de toute son autorité : parce que vôtre zele à son seruice, disons plus, l'amour que vous auez pour vôtre Prince, & pour l'Estat, font que vôtre consentement & vos suffrages sont toujours soumis à sa puissance : Et d'ailleurs l'attachement qu'a Monseigneur le Prince de Conty pour les ordres du Roy; la connoiſſance de la iuſtice de toutes ces reſolutions; & la tendreſſe qu'il conſerue tout enſemble pour les Peuples de cette Prouince, font vne vnion parfaite de choſes, qui ſembloient ſi éloignées. Que ſi à des nœuds ſi forts & ſi puiſſans il étoit permis d'y en ajoûter d'autres; ie dirois que les Trois Ordres du Languedoc ne laiſſent rien à ſouhaiter pour la conduite de cette Aſſemblée: que le Clergé peut meriter le titre du plus illuſtre & du plus ſçauant du Royaume: que la Nobleſſe poſſede toutes les qualités & les vertus dignes de leur naiſſance; & que la fidelité du Troiſiéme Ordre a toûjours été inuiolable. Ainſi l'on ne peut rien deſirer pour vôtre bon-heur dans cette Iournée ſolennelle, dans ce renouuellement des graces & des bontez du Roy, où vous contractez ſi glorieuſement auec vôtre Prince; ſinon que ce même eſprit qui vous a toûjours animé, ſoit celuy qui rectifie toutes vos Deliberations; que vous repondiez, par vne parfaite obeïſſance, à l'amour qu'a pour vous le plus puiſſant & le plus iuſte de tous les Roys, qui ſe plaira toûjours de répandre ſur vous de nouueaux bien-faits, à meſure que vous continuerez de l'y obliger par vôtre conduite. C'eſt ce que Sa Majeſté même m'a fait l'honneur de me commander, de vous dire, lors qu'elle m'a ordonné de venir encore la ſeruir dans cette Prouince, ſous les ordres de S. A. & ie ſouhaiterois, dans le ſeruice que i'ay à y rendre, trouuer quelques occaſions de donner des marques de ma reconnoiſſance à cette Compagnie, & à tous les particuliers qui la compoſent.

MONSIEVR L'EVESQVE DE CASTRES,

NOMMÉ A L'ARCHEVESCHÉ de Tolose, President aux Estats Generaux de la Prouince de Languedoc, addressant ses paroles à S. A. S. Monseigneur le Prince de Conty, a dit;

ONSEIGNEVR,

Nous reconnoissons sans difficulté, que de tous les Sujets de ce grand Royaume, il n'y en a point qui reçoiuent du Roy de plus belles marques d'estime & d'affection, que ceux de cette Prouince de Languedoc. Elle est la seule, qui par sa permission, s'assemble en Corps d'Estats tous les ans ; & sur laquelle par la bonté du Roy, il ne s'impose rien qui ne soit auparauant concerté & consenty par ses Deputés.

La fidelité, le zele & les seruices de ceux qui nous ont precedé, ont merité de nos Roys ces graces & ces faueurs ; ainsi nos peres nous ont frayé le chemin qu'il faut tenir pour les conseruer, & pour en obtenir d'autres, qui est de seruir d'exemple à tous les François d'vne fidelité constante, & d'vn attachement inuiolable aux volontés de nôtre Roy. Iamais Prince n'a merité l'amour & la cordiale affection de ses Peuples plus iustement que nôtre Monarque, qui se donne tout à eux, en se donnant tout entier aux soins du Gouuernement de son Estat. Il trauaille auec vne application inoüie, à rétablir le bon ordre dans son Royaume, afin que nous y joüissions bien-tôt du fruit de ses veilles & de ses peines. Il assiste continuellement dans ſes Conſeils, où ſes ſages Miniſtres conſommés dans le maniment des plus grandes & importantes affaires de l'Europe, ſurpris d'étonnement, auoüent que dans les matieres difficiles & épineuſes, ils ſont plus ſouuent éclairés des lumieres qu'ils tirent des raiſonnemens de Sa Majeſté, que de la connoiſſance qu'vne longue experience leur a acquiſe.

Qui pourroit n'être pas touché de ſa maniere charmante, & de ſa facilité à accueillir tous ſes ſujets? On remarque dans ſon viſage, dans ſes paroles & dans toutes ſes actions vne douceur & vne majeſté qui attire également l'amour, & imprime le reſpect dans le cœur de tous ceux qui ont l'honneur de l'approcher.

Publicus hinc ardeſcit amor cum moribus æquis,
Inclinat populo Regale modeſtia culmen.

Claudianus de 6. Conſul. Hono.

Il n'y a perſonne icy, MONSEI-

GNEVR, qui ne ſoit tres-conuaincu de ſon deuoir enuers vn ſi grand, ſi bon & admirable Prince: & plût à Dieu que nos forces nous donnaſſent les moyens de produire des effets qui puiſſent égaler les ſentimens de nos cœurs.

V. A. S. fera bien cette iuſtice à toute cette Prouince, à laquelle elle a témoigné iuſqu'à cette heure des tendreſſes de Pere, d'aſſeurer Sa Majeſté, qu'elle n'a point de ſujets plus fideles n'y plus fortement attachés à ſa Royale Perſonne, que ceux de ſa Prouince de Lãguedoc, qui reçoiuent auec tres-humble remerciment la permiſſion que V.A.S. nous porte de la part de Sa Majeſté, de tenir l'Aſſemblée des Eſtats; nous y trauaillerons auec exactitude & diligence, à découurir à V. A. S. les neceſſités de ſes pauures Peuples; puiſque les aymant comme vous faites, il ſuffit de vous faire ſçauoir leurs ſouffrances, pour leur faire reſſentir les effets de cette genereuſe bonté, qui vous porte à prendre vn ſoin continuel de leur ſoulagement.

Les maux de cette Prouince ſont d'vne nature bien differēte à ceux qui affligent ordinairement les corps humains; parce que lors que le malade reſſent d'extremes douleurs, il n'en ſçait pas l'origine: & de là il arriue quelque fois que les Medecins appliquent des remedes inutils, & même contraires, ne découurans pas la cauſe du mal. Il n'eſt pas ainſi de ceux qui trauaillent cette Prouince; la cauſe en eſt aſſez connuë, V. A. S. la ſçait comme nous, & nôtre ſanté dépend de la connoiſſance que le Roy en voudra prendre.

Nous ne pretendons pas vne gueriſon entiere & ſubite; nous ſçauons bien qu'on ne remonte pas d'vne foibleſſe & d'vne inanition ſi grāde que la nôtre à l'état d'vne parfaite ſanté tout à coup; des changemens ſi prompts & ſi grands altereroient peut-être l'economie de tout le Corps du Royaume, dont cette Prouince eſt vn des principaux membres: mais au moins nous ſouhaitons quelque lenitif, qui nous donne lieu de pretendre à recouurer vn iour le parfait embonpoint de cette Prouince.

Le Roy n'a pas vne épargne plus asseurée que l'affection & l'amour de ses Suiets du Languedoc, qui n'ont iamais été chiches de leurs biens, non plus que de leur sang, quand la necessité des affaires du Royaume l'a requis. C'est ce qui me fait dire sans crainte, que le veritable seruice du Roy, autant que la necessité de cette Prouince, exige de nous de rechercher soigneusement dans cette Assemblée les moyens d'obtenir du Roy quelque soulagement pour les pauures Peuples ; & ie suis tout persuadé, que lors que le Roy nous permet de nous assembler, que c'est en partie par vn mouuement de sa charité paternelle, qui le porte à vouloir être informé des miseres & des souffrances de ses Sujets, qui n'ont point de canal plus asseuré, pour luy être portées, que la voix des Deputés de ce Corps.

Nous vous supplions donc, MONSEIGNEVR, par cette charité si pure que vous faites paroître en toutes vos actions, d'embrasser la cause de cette Prouince, qui est la protection des pauures. La grandeur de nos maux ne vous doit point étonner; Nous sçauons que nôtre mal est grand & inueteré, & qu'il faut pour vne cure de cette nature du temps & de la patience, nos Peuples conceuront de grandes esperances, quand ils verront qu'auec la protection de V. A. S. on commencera à mettre la main à bon escient à cette grande œuure.

Nous sçauons bien que de nôtre côté nous deuons apporter vne condescendence tres-respectueuse aux conseils que nous donnera V. A. S. nous sommes asseurés de son amour, & quelle ne nous conseillera rien que pour nôtre propre bien, que nous protestons à V. A. S. que nous le faisons consister vniquement à nous conseruer la possession des bonnes graces & de la bienveüillance de Sa Majesté; parce que c'est d'Elle & par Elle que nous pouuons aspirer à ce bon-heur, de porter quelque consolation à nos Peuples, quand nous nous retirerons.

Nôtre parfaite resignation & soumission

aux volontés du Roy, qui paroîtra par celle que nous rendrons aux ſages & charitables conſeils de V. A. S. attirera ſur cette Prouince des effets des bontés naturelles de nôtre incomparable Monarque, qui en ſera ſollicité par le témoignage puiſſant & veritable, que nous eſperons que V. A. S. luy rendra des ſentimens de nos cœurs qui ne reſpirent que l'obeïſſance & fidelité, cõme deuoirs indiſpenſables; mais qui outre cela reſſentent des tranſports d'amour & de tendreſſe, & d'vn deuoüement entier pour la perſonne de nôtre Grand Loüis XIV. donné de Dieu pour le bon-heur de ſes Sujets, & pour la gloire de la France.

Nous regardons V. A. S. comme nôtre mediateur auprés du Roy, & comme le Pere des Peuples de cette Prouince; & en cette qualité, nous depoſons auec confiance & ſeureté entre vos mains les intereſts de la vefve & de l'orphelin.

Aymez-nous, Monſeigneur, comme vos enfans, & commandez-nous comme à vos tres-humbles, tres-obeïſſans, & tres-fideles ſeruiteurs.

www.ingramcontent.com/pod-product-compliance
Ingram Content Group UK Ltd.
Pitfield, Milton Keynes, MK11 3LW, UK
UKHW021034220726
13924UKWH00001B/319